AF672314

Inhalt

Beherbergungsgewerbe - ausländische Gäste bringen Wachstum

Beherbergungsgewerbe - ausländische Gäste bringen Wachstum

Markus Hofstetter

Kernthesen

- Vor allem ausländische Besucher sorgten 2013 für ein Übernachtungsplus in deutschen Herbergen.
- Der Tagungs- und Kongressmarkt gleicht bei den Hotels saisonale Schwankungen im Freizeitmarkt aus.
- Bei den deutschen Top-200-Hotels verschlechterte sich 2013 die Gewinnsituation.
- Bei den Buchungsportalen hat Booking.com in den letzten beiden Jahren gegenüber HRS viel Boden gut gemacht.

Beitrag

Ausländische Gäste sind Wachstumstreiber in deutschen Hotels

Mit 411,8 Millionen Übernachtungen in 2013 war Deutschland das beliebteste Urlaubsland in Europa. Dem Statistischen Bundesamt (Destatis) zufolge ist dies ein Plus von 1,1 Prozent gegenüber 2012. Für das laufende Jahr erwartet der Deutsche Tourismusverband (DTV) ein Wachstum im ähnlichen Bereich, das Übernachtungsplus soll sich auf rund ein Prozent belaufen. 80 Prozent der Übernachtungen im deutschen Beherbergungsgewebe gingen 2013 auf das Konto von Bundesbürgern. Hier lag das Plus jedoch bei nur 0,4 Prozent. Ein starker Wachstumstreiber waren Gäste aus dem Ausland. Die Zahl der Besucher aus aller Welt stieg um vier Prozent auf 47,8 Millionen, die Zahl der Übernachtungen um 4,5 Prozent auf fast 72 Millionen. (1), (2), (3)Laut dem Hotelverband IHA erzielten Hotels, Hotel garnis, Gasthöfe und Pensionen 2013 einen Nettoumsatz von knapp 21,2 Milliarden Euro. Nominal entspricht dies einem Plus von 0,8 Prozent, real waren es 1,9 Prozent. Nach

Auswertung des Hotelbenchmarks von STR Global, nahm die durchschnittliche Zimmerbelegung von 66,2 auf 66,9 Prozent zu. Dabei wurde ein RevPar (Erlös pro verfügbarem Zimmer) von 63 Euro erreicht, was einer Steigerung von 1,7 Prozent entspricht. Ein Sorgenkind bleiben die Zimmerpreise, die in Deutschland mit durchschnittlich 94 Euro fast sieben Prozent unter dem europäischen Durchschnittswert von 101 Euro liegen. (4)

Tagungen und Kongresse sorgen für gleichmäßigere Auslastung in den Hotels

In 2013 erhöhte sich in Deutschland die Zahl der Tagungsteilnehmer der Unternehmensberatung ghh consult zufolge auf insgesamt rund 110 Millionen. Sie sorgten für rund 89 Millionen Übernachtungen, was einem Plus von 2,3 Prozent entspricht. Die wichtigste Kongressstadt in Deutschland ist Berlin. Die Hauptstadt zog rund 10,6 Millionen Teilnehmer an und machte damit einen Umsatz von zwei Milliarden Euro. Dahinter folgen Frankfurt mit 1,1 Milliarden Euro, Hamburg mit 840 Millionen Euro und München mit 770 Millionen Euro. Diese vier Städte stehen zusammen für rund ein Drittel aller Tagungsteilnehmer deutschlandweit.

Der Tagungs- und Kongressmarkt ist ein wichtiger Wirtschaftsfaktor für die Hotellerie. Er trägt zu einer gleichmäßigeren Auslastung der Hotels über das Jahr hinweg bei. Denn die saisonalen Schwankungen in diesem Segment verlaufen entgegengesetzt zum privaten Markt für Freizeitreisen. Getagt wird vor allem im Frühjahr und Herbst, mit teilweise deutlichen Rückgängen zu den Ferienzeiten. Spitzen-Tagungsmonat ist der Oktober, weitere gefragte Monate sind September, November, März, April und Mai. Die geringste Nachfrage weisen Juli und August auf, während März und April stark von der jeweiligen Lage der Osterfeiertage beeinflusst sind.

Dabei stellen Hotels nicht nur Übernachtungsmöglichkeiten für Tagungsgäste, sie sind auch wichtige Anbieter von Veranstaltungsräumen. Deutsche Hoteliers bieten zusammen rund 52 000 Veranstaltungsräume an, das entspricht einem Anteil von 75 Prozent an den Tagungsräumen insgesamt. Dabei werden von den Hotels vor allem kleiner Räume für bis zu 50 Personen angeboten. (5), [Abb. 1]

Die deutschen Top-200-Hotels sehen ihre Gewinne schwinden

2013 hat sich die Gewinnsituation der deutschen Top-200-Hotels weiter verschlechtert. Meldeten im Jahr 2011 noch 80,8 Prozent von ihnen eine sehr gute oder gute Gewinnsituation, taten dies 2012 immerhin noch 78 Prozent. Im vergangenen Jahr beurteilten nur noch 63,1 Prozent ihre Gewinnsituation als sehr gut oder gut. Für 30,1 Prozent war sie noch zufriedenstellend, während 6,8 Prozent ihr die Note schlecht erteilten. Dies hatten 2012 lediglich zwei Prozent der Hoteliers getan.

Welches Hotel verlangt die höchsten Zimmerpreise? Unschlagbar bei den Preisen bleibt das Mandarin Oriental in München. Das Haus hatte sich 2012 erstmals am Ranking beteiligt und dabei seine Mitstreiter weit hinter sich gelassen. 2013 hat mit einem Nettozimmerpreis von 720 Euro seinen Vorsprung auf das Brenners Park Hotel in Baden-Baden mit 482 Euro weiter ausgebaut. Auf Platz drei liegt das Kempinski Vier Jahreszeiten in München mit einem Nettozimmerpreis von 370 Euro. Schloss Elmau auf Platz vier führt den Reigen der reinen Ferienhotels mit einem durchschnittlichen Nettozimmerpreis von 365 Euro an. Aus Düsseldorf schaffte es der Breidenbacher Hof mit 336 Euro auf Rang fünf der Preisspitzentabelle. Mit dem Bayerischen Hof auf Platz sechs (Nettozimmerpreis 335 Euro) stellt München ein drittes Hotel in den Top Ten. Der Sonnenalp aus Ofterschwang kommt mit

308 Euro auf Platz sieben. Es folgt das Hotel Bareiss aus Baiersbronn mit 295 Euro auf Platz acht. Das Adlon vertritt mit einem Nettozimmerpreis von 285 Euro allein die Hauptstadt. Das Seehotel Überfahrt in Rottach-Egern liegt mit 283 Euro auf Platz zehn. Zwar gab bei der Überfahrt der Zimmerpreis nach, doch dafür steigerte sich die Belegung von 59 Prozent 2012 auf 62 Prozent 2013. (6), (7), [Abb. 2]

Booking.com holt bei den Portalbuchungen gegenüber HRS stark auf

Die Marktmacht der großen Portale wächst. Inzwischen vereinen in Deutschland zwei Anbieter mehr als 85 Prozent der Portalbuchungen: die HRS Group und die Priceline-Tochter Booking.com. Das zeigen die vorläufigen Zwischenergebnisse einer Studie, die der IHA zusammen mit der Fachhochschule Westschweiz Wallis erhoben hat.

Ganz vorn liegt weiterhin die HRS Group, die mit den Portalen HRS, Hotel.de und Tiscover insgesamt auf einen Marktanteil von 44,1 Prozent der Buchungen in 2013 kommt. 42,5 Prozent der Portalbuchungen liefen über Booking.com. Das Unternehmen baute damit seinen Marktanteil in Deutschland in den vergangenen zwei Jahren enorm aus. In der letzten Erhebung, die sich auf das Jahr 2011 bezog, betrug der Marktanteil der HRS Group noch 50,6 Prozent und der von Booking.com 28,5 Prozent. Booking.com kann bei deutschen Hoteliers unter anderem punkten, weil es viele Freizeitreisende und Gäste aus dem Ausland bringt. Die HRS-Buchungen dagegen kommen vielfach aus Deutschland. Deutlich Marktanteile verloren hat die Expedia-Gruppe. Kam sie mit ihren Portalen Expedia, Venere und Hotels.com vor zwei Jahren noch auf 7,6 Prozent der Buchungen in Deutschland, sind es in der aktuellen Studie nur noch 4,2 Prozent.

Die Portale sind trotz eines großen Werbebudgets immer noch nur der zweithäufigste Buchungsweg in der deutschen Hotellerie. Mit 28 Prozent kommen die meisten Buchungen laut der IHA-Studie über das Telefon. Erst danach folgen die Portale mit 20,7 Prozent. E-Mail-Buchungen machen 17,2 Prozent aus und Buchungen über die eigene Website 13,5 Prozent. Weitere Buchungswege sind unter anderem Walk-Ins, Reisebüros, Briefe und Faxe oder Globale Distributionssysteme (GDS). (8), [Abb. 3]

Hoteliers modernisieren lieber in Eigenregie

Die The Business Target Group hat im Rahmen des AHGZ-Monitors eine Untersuchung zum Thema Umbau und Modernisierung bei laufendem Betrieb durchgeführt. Demnach haben rund 60 Prozent der befragten Hoteliers innerhalb der vergangenen zwölf Monate modernisiert. Dabei gilt, je größer oder umsatzstärker der Betrieb, desto eher wurde in eine Modernisierung investiert. Für die Hotelbetriebe ist der Modernisierungsbereich erster Wahl mit 83 Prozent das Gästezimmer, gefolgt von der Küche mit 57 Prozent. Die Investitionen für die Modernisierungen belaufen sich im Durchschnitt auf knapp 600 000 Euro.

62 Prozent der Hoteliers führen eine Modernisierung ohne beratende Unterstützung, also in Eigenregie durch. Ob in Eigenregie modernisiert oder entsprechend ein Planer oder Architekt einbezogen wird, hängt stark von der Umsatzklasse des Hotels ab. Auch hier gilt, dass mit steigender Umsatzklasse des Beherbergungsbetriebs eher ein Architekt oder Planer zurate gezogen wird.

Es wird aber nicht nur modernisiert, sondern es werden auch weiterhin neue Hotels gebaut. Bundesweit sind für die nächsten drei Jahre 436 Neu-, Um- und Ausbauten mit 56 880 Zimmern geplant, meist im 1- bis 2-Sterne-Bereich sowie kontrastierend im Luxussegment. Das Investitionsvolumen soll dabei rund 8,42 Milliarden Euro betragen, das entspricht einer Bausumme von 19,3 Millionen Euro pro Hotel. (9), (4)

Fallbeispiele

Accor setzt verstärkt auf Eigentum

Die Accor-Marke Ibis-Hotel hat mit dem Ibis Kurfürstendamm in Berlin nach eigenen Angaben das tausendste Hotel eröffnet. Dabei wurde eine neue Unternehmensstrategie verkündet. Der Hotelkonzern verabschiedet sich vom zuletzt praktizierten asset light und setzt neben der Sparte Hotelservices, in dem Hotelbetrieb, Management und Franchise zusammengefasst sind, mit dem Unternehmensbereich Hotelinvest wieder verstärkt auf Eigentum. So wurde bereits das neue Haus in Berlin von den Franzosen erworben.

Vor gut zwei Jahren hatte Accor mit der Neustrukturierung seiner Marken im Economy-Segment unter der Dachmarke Ibis begonnen. Nun bilden Ibis mit 1 000 Hotels, Ibis Styles mit 233 Hotels und Ibis Budget mit 506 Hotels die Ibis-Familie. In Deutschland gehören 70 Prozent der Entwicklungsprojekte zur Ibis-Familie. 26 neue

Häuser der Economy-Marke sollen hierzulande bis Ende 2016 an den Start gehen.

Der Umsatz des Hotelkonzerns sank 2013 um zwei Prozent auf rund 5,54 Milliarden Euro. Davon entfielen 5,41 Milliarden Euro auf das Hotelgeschäft, ein Minus von 1,6 Prozent. Auf vergleichbarer Basis, also bereinigt um Portfolioänderungen und Wechselkurseffekte, legte der Jahresumsatz um 2,7 Prozent zu. (10)

Zahlen & Fakten

Abbildung 1: Tagungs- und Kongressteilnehmer füllen die Hotels

Entnommen aus: Allgemeine Hotel- und Gastronomie-Zeitung, 18/2014, S. 10, (5)

Abbildung 2: Die deutsche Top 10 der Hotels nach Durchschnittspreise

Rang	Betrieb	Nettozimmerpreis	Zimmer	Nettoumsatz in Mio. Euro	
2013	**2012**				
1	Mandarin Oriental, München	720	634	73	20,
2	Brenners Park-Hotel & Spa, Baden-Baden	482	446	100	20,
3	Kempinski Vier Jahreszeiten, München	370	332	297	42
4	Schloss Elmau, Elmau	365	345	128	22,
5	Breidenbacher Hof, Düsseldorf	336	316	95	13,
6	Hotel Bayerischer Hof, München	335	321	340	58,
7	Hotel Sonnenalp, Ofterschwang	308	290	232	36,
8	Hotel Bareiss, Schwarzwald, Baiersbronn	295	293	99	21

9	Hotel Adlon Kempinski, Berlin	285	270	382	54,
10	Seehotel Überfahrt, Rottach-Egern	283	289	176	20,

Entnommen aus: der hotelier - das ideenmagazin in der AHGZ, 20/2014, S. 8, (6)

Abbildung 3: Booking.com und HRS fast gleichauf

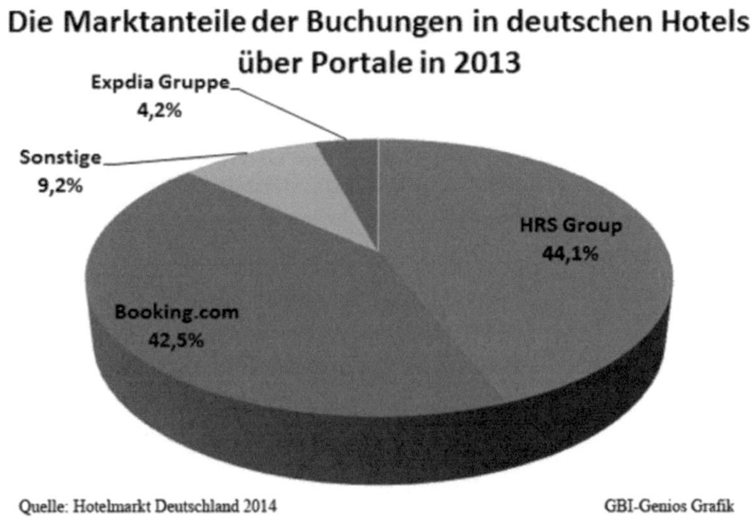

Entnommen aus: Allgemeine Hotel- und Gastronomie-Zeitung, 18/2014, S. 10, (8)

Weiterführende Literatur

(1) Mit dem Topf zurück nach China
aus Frankfurter Allgemeine Zeitung, 05.03.2014, Nr. 54, S. 22

(2) Nur noch leichtes Wachstum beim Deutschland-Tourismus erwartet
aus Frankfurter Allgemeine Zeitung, 05.03.2014, Nr. 54, S. 22

(3) Deutschland lockt ausländische Gäste
aus Mitteldeutsche Zeitung vom 06.03.2014

(4) Hotels rechnen mit Wachstum
aus Allgemeine Hotel- und Gastronomie-Zeitung 13 vom 29.03.2014 Seite 007

(5) Jedes dritte Zimmer wird für eine Tagung gebucht
aus Allgemeine Hotel- und Gastronomie-Zeitung 18 vom 03.05.2014 Seite 010

(6) Hohe Kosten dämpfen Freude über Raten
aus der hotelier - das ideenmagazin in der AHGZ 20 vom 17.05.2014 Seite 008

(7) Top 200 in Stadt und Land
aus der hotelier - das ideenmagazin in der AHGZ 20 vom 17.05.2014 Seite 006 bis 007

(8) Booking.com holt auf – HRS knapp vorn
aus Allgemeine Hotel- und Gastronomie-Zeitung 17

vom 26.04.2014 Seite 005

(9) Umgebaut wird in Eigenregie
aus Allgemeine Hotel- und Gastronomie-Zeitung 10
vom 08.03.2014 Seite 013

(10) 1000 Ibis-Hotels und kein Ende in Sicht
aus Allgemeine Hotel- und Gastronomie-Zeitung 04
vom 25.01.2014 Seite 002

Impressum

Beherbergungsgewerbe - ausländische Gäste bringen Wachstum

Bibliografische Information der deutschen Nationalbibliothek

Die Deutsche Nationalbibliothek verzeichnet diese Publikation in der deutschen Nationalbibliografie; detaillierte bibliografische Daten sind im Internet über http://dnb.d-nb.de abrufbar.

ISBN: 978-3-7379-5788-5

© 2015 GBI-Genios Deutsche Wirtschaftsdatenbank GmbH, Freischützstraße 96, 81927 München, www.genios.de

Alle Rechte vorbehalten. Dieses Werk ist einschließlich aller seiner Teile – z.B. Texte, Tabellen und Grafiken - urheberrechtlich geschützt. Jede Verwertung außerhalb der Grenzen des Urheberrechtsgesetzes bedarf der vorherigen Zustimmung des Verlags. Dies gilt insbesondere auch für auszugsweise Nachdrucke, fotomechanische

Vervielfältigungen (Fotokopie/Mikroskopie), Übersetzungen, Auswertungen durch Datenbanken oder ähnliche Einrichtungen und die Einspeicherung und Verarbeitung in elektronischen Systemen.